风也吹不到的地方

樱桃 著

長江出版傳媒 | 长江文艺出版社

图书在版编目（CIP）数据

风也吹不到的地方 / 樱桃著. -- 武汉 ： 长江文艺出版社，2025. 7. -- ISBN 978-7-5702-4041-8

Ⅰ. I227

中国国家版本馆 CIP 数据核字第 20256EC130 号

风也吹不到的地方
FENG YE CHUI BU DAO DE DIFANG

责任编辑：王乃竹　　责任校对：程华清

封面设计：胡冰倩　　责任印制：邱　莉　胡丽平

出版：长江出版传媒 | 长江文艺出版社

地址：武汉市雄楚大街 268 号　　邮编：430070

发行：长江文艺出版社

http://www.cjlap.com

印刷：武汉市籍缘印刷厂

开本：787 毫米×1092 毫米　1/32　　印张：2.75

版次：2025 年 7 月第 1 版　　2025 年 7 月第 1 次印刷

行数：1672 行

定价：48.00 元

致田福林

目　录

致你

离开的时候

用一张纸写满了不能回头的理由

证明

我对故乡的爱如此浅薄

可是一切是否真的与你无关?

回答我

如果我选择流放自己

你是否赞同我的出逃?

收拾行李的那一晚

你送给我的，我总想随身携带

可它们一样也带不走

只能原封不动地摆在那里

压住时光的倒影

被十个字

敲打在墓碑的背面

任由风雨蚀刻

风雨蚀刻了一个人

多么自然的事

七十几条刻痕

像你的字一样飘逸有力

我反复地读你

越来越悲伤

信仰

每一个清晨都是一次诞生
向身体和精神寻求自己
向空谷和河流、向旷野和群山、向草木和鸟雀、向
一条没有路的路
注入闪电
一个新的神即将站立起来
像伟大先知一样来到人间
穿过众人
轻巧地拿取
轻巧地放下
用信众的呼声
为自己竖立一株可以倒下的雕像
谁将我推倒
谁便是新的救赎者
世界发出轰鸣
低沉如横波摆动地脉
太多假的信仰尖叫着

溺死在扬尘中

痛苦从地里钻出来，长成嫩绿的春草

让它们浸泡眼泪

再分发给羊群吧

羊群必先学会哭泣

在将我塑进泥身之前

就让爱一个人成为最后的遗愿

火烧云

夏日的阵雨以后，天空燃起火烧云
从阴沉的下午中
剥出一个血红色的自己
多决绝的比喻和宣告
像私奔一样燃烧
也许人生本来如此

遇见你之后
我是否可以有这样的期待？
两个人，在命运的穷途上
去逃、去讨、去私奔
在众目睽睽之下
在一辆闪闪发光的奔驰的汽车里
往最燃烧里开
把全部积蓄都花在路上
我们迎着风和云和夏天欢歌
只带两条命

藏起来的女人

深夜
我家里藏起一个女人
她从人群中逃荒而来
张着沙哑的喉咙
来要一碗干净的泉水
女人乐于承认自己
是个强盗
她总能光明正大地吆喝：
“在众生的荒漠之上
允许我劫掠这个世界的果实！”
我看着她
挥舞生锈的长剑
在这秘密的院落做生死之舞
月光冷森森地照出一个影子
是侠客，是逃犯，是不曾被囚禁的
月亮的底色
她劈，她刺，她舞，她怒
她张着眼
将月光削进所有沉默的沟壑

“在日出之前，不要停止舞蹈

在这他人制造的巨大幻梦里

不要闭眼

不要发出鼾声”

失眠

又一个失眠的夜晚，是我
在跟时间讨还自己
讨还婴儿的、纯真的、无辜的自己
她们太清楚岁月会在身上留下些什么
这些不能用于交换的皱纹、疤痕、眼泪
因倔强而腐坏的自我
在不能上天堂的判决上签了字，弯弯曲曲
那是一个筋骨断裂的人跟过去撕扯的时候留下的一些
疼痛的裂缝
黑夜钻进来，在身体的里面挂满抓痕
它会离开，亲爱的，不要急着
去缝补我

你可知命运
只是将一件又一件残缺的事物堆在我身上
她无法撼动我的完满——只要灵魂的一个抖动
——那些多余的附加品

便会沉入流动的人生之海
我会清洗我活着的身体
圣洁地，走上天堂的阶梯
活着不需要止疼药

你来迟了

在这期间，我把自己养得很好
吃饭、喝水、阅读似懂非懂的文字
我保持呼吸的节奏，尽量不去
太正式地
温习你对我说过的话
我其实没有在期待
有什么能让我们的距离更近一些
譬如一场雪、一句婉转的江南小调或一夜之间的
天翻地覆
我其实没有在等
是因为冬天的睡眠太容易被搅动
我才会恰好亲吻你的晚安
当他出现在我面前，疲惫而雀跃
兴冲冲地推开窗户
说自己走了很远的路

有条可以开花的路

它在我们愿望所及的地方
在战争的烟尘后面
在鸟儿衔来的种子上
乌云的一声口哨里
静悄悄地开放
蜿蜒如水、广阔如空
恒久地存在着
仿佛
所有人的喜怒哀乐都不值一提

把那些至高无上的理想都埋葬吧
埋在路基下面
我太爱这人间
这世人
如果这也算罪的话
我愿意磕一万次头到达那里
匍匐在地面

潮湿而热烈地迎接生命的始末
和孩子的眼泪

我始终相信着
一定有一条可以开花的路
我像乞丐一样端起碗
趿着鞋子
坦坦荡荡地走在路上
和一切可能的爱人对视
在美好可以被拾起的土地上
给我正义的裁决吧，只是
不要轻易撕开我的平静
一旦我袒露胸口
那里也会开出花来

风也吹不到的地方

这个世界没有留给我们

这是我一早就知道的事

但我不信

直到它带来一场高烧

将一切燃尽，不带一点生的希望

那时我也并不妥协

我会将眼泪留下，带走我空虚的躯壳

心不在其中，它已不属于我

当我在平静和热烈中选择热烈

在沉默和挣扎中选择挣扎

在怯懦和爱情中选择爱情

我便选择了

我将去到一个风也吹不到的地方

在平静、沉默和怯懦中书写墓志

把一生写得清清白白

和你无关似的

风也找不到我

你也找不到我

雨

1

在一个如常的晚上

一起翻开同一本书的同一页

你偷着眼睛看我时

我们都看见了这个世界的冒号:

雨丝在古老的波动里澎湃

汇成一条弥留之河

女人走在河里

蹚过支离破碎的时间

每一步都像尽头。

你将如何度过这雨夜?

我想

星星从一个人的眼睛升上天空只需要 0.01 秒

大抵爱也是如此

它们都不是寻常之物

我从你的眼里看见了星星

在一个如常的晚上
我们看见了一切
却什么都没有得到

2

盼一场雨
盼着
把平淡的日子藏到很深很深的地方去
是冒险，也是买醉
阴云密布的地方藏着一个人的隐姓埋名
和再也不能坦然的孤独
带着雷声来见我吧
我已经学会从里面抓取心跳
一声，一千声，起伏不平
你要沿着小路跑来，偷摘一束没有淋湿的野草
就让我怀揣忐忑，惊心动魄地等你
雨一旦下起来
我们就都成了嫌疑人

3

这个季节的多雨

把所有的痕迹淋过

什么都没有发生

又仿佛，什么都发生过一次

爱不留痕，所以我可以肆无忌惮地爱你

可以胆怯地爱你

可以澎湃地爱你

也可以孤独地爱你

可以清醒地爱你

盲目地爱你

我可以挥霍全部青春去爱你

因为我找不到归处

就像雨

在遍地上找不到自己的母亲

如果要我对你说些什么

我会讲关于时间的
讲它如何将我困住
没头没脑地
在与你有关的瞬间和瞬间之中横跳

我会讲关于欲望的，那摊池水
在眼神交汇之间
便将我淹没了一百次

我不会讲爱，它太短太浅
又太容易满足
我还没有现实到
任由它来摆布我的一切

我只会讲关于气味的
比如我的鼻子在刹那间闻到你的味道
又消失无踪

但它真真切切地来过

诉说时空很远，但我们会一次次相见

在很久很久之前

在很久很久以后

要去见你的路上

我一直在要去见你的路上
一条从北到南，跨过夏天、秋天和
冬天的路
北风尾随着我
吹过了黄河和长江
不带一片雪花就将我埋没
我把脱掉的衣服一件件穿好
将最美好的事物都带在身上
只等一片雪花，飘落在
那颗托举在头顶的赤裸的心
我仰着头，在静止的等待中
不紧不慢地行走于
温吞的良夜
我见过美好的月亮
也见过你
雪一下过，春天就来了

献祭

那是一场没有流血的献祭
它注定在两个人之间发生
信仰让我们变得透明
然后月光就照进来
穿过你，对我的灵魂进行审判
我把自己摊开在你的海岸
一次次地
被翻涌的盐水浸湿
月亮会告诉我
这起伏的真相是什么
当我融化在欲望之海中
变成纯净无瑕的泡沫

就当我还没有长大

好奇每一件新鲜事

妄想主宰着行动

想要抓住

想要得到

失去就会哭泣

一个婴孩儿会做的事我都一样不落地做好

无时无刻不用力地活着

啼哭是动情

写诗也是动情

每一个字中都藏着衰老也无所谓

说我是任性也好

就当我还活在十九岁，我们都

第一次闯入这个城市

你走进夜里，一身风尘出现在我门外

我打开门看见你的脸

见你也是动情

植物

以前，总想成为太阳或月亮
温暖一些人或者
浪漫一些人
可我的脚已经埋进地里了
身上落满扬尘
你是细如发丝的春雨，将我缠绕
让我陷入泥泞又
浮于幻梦
当我呼吸
就会有一件想和你做的事
变成星星，闪着光
升上被城市遮蔽的远空
我终将死在城市
如果天地倒转的话
你也会如我一般仰望我
透过有限的光合作用
和只存在于时间的澄澈

海边的秋千

海边竖起一排白色的秋千
时间已过午夜。我坐在秋千上
随着海风的韵律摇摆
月光照得像黎明
转动着，推着海水
交换我不再年轻的脚印
我把颜色也还了回去
掷地无声，今夜
秋千雪白，我也雪白

我是如此地想你
用力摇晃绳索时
沙子掩埋大海
生活越飞越高
你的笑声遥远，沿着海面
风会吹来很多人的消息
多少年一瞬

海浪翻过来

流成我眼里你的样子

你的脸上映着另一个青年的面容

他是个诗人，已经早亡

从始至终没越过秋千的轴

我的思念又算得了什么呢?

面对自然的时候

你会不会也，因为这颗心的小家子气而迷失

时间是一场人造的梦

没有一个出口通向外面

我们梦而不知

也许

有一个人走出去时，我们就越过了生死

审判

我这一生有无数的错
其一便是否认自己犯了罪
关于爱，关于想象
尽管它们使我成了易碎品
动辄伤筋动骨，难以痊愈
法律不曾告诉我
真理藏在人生之空空中
迈过幸与不幸的虚像
只能从破碎中寻找
在一次又一次破碎之后
我赦免了自己
什么样的牢笼都关不住我
人总该有些毫无愧疚的期待
我想
我即将见你
在这场审判尽头

等天亮以后

在深夜打开一本书
用一种无垠掩盖另一种无垠
在道过晚安之后，你大概已经睡了
可天怎么老不亮？
日子慢吞吞的
它不知道我已经急于见你——将书里的一段话捎去
连信也来不及写
记忆总不听我的指挥，直到大段的独白只剩下一个字
又有什么好说呢？
拥抱已经足够
如果你问起的话
除了心跳我什么也不曾读到

又见良夜

今天，拍下一盏弯弯的月牙
也拍下了夜的反骨
有多少个良夜掰着手指头
数我的梦
没有什么比银河之水更能淋湿我
像浸透一件发皱的旧衣物
我也被挂了起来
月亮告诉我
一个人会在他的梦里醒来
出现在别处

你家屋顶上落不尽的晚霞
那是地球未愈合的伤口
也是我的伤口
幸福从里面钻出来，又沉下去
冒着泡泡
没入银河热泉古老的烟

夜晚从来不曾掩盖住什么

也不曾放过生活虚张声势的假象

这样坦诚，如同爱

只需要一声咳嗽

就连地上的星星也展露出来

遛狗

夜深的时候遛狗最寂静
尤其是冬天，在月光底下
哼一首有调无曲的歌
狗和我都静悄悄地，踮着脚
一个解决它的生理琐事
一个理所当然地
看见一片雪就想要踏进去，不慌不忙
散漫地，听脚底传来的咯吱声
将人生也踩实
在最寂静的此刻
多想猛地哭出来，撕裂紧紧掩饰的一切
然后就完整了、顿悟了，遗忘了
裹覆住灵魂的伤痛
冬天的风总是往无情里吹
带过我的爱
和不可收拾的命运
我设想了一千种可能

有好有坏，每一种都经过你

狗欢跳着跑开

关于她

关于她的外表，人们说

美丽会招来恶意

月光照不到她的脸上，她不能说

关于她的好心，人们说

善良是成熟之敌

热血流在她心里，她不能说

关于她的爱情

人们说她错了

她渴求痴恋的情人，她不能说

关于活着

她步步是错

她觉得她对了，她不能说

隐居

去一个无人知道的小山丘上
隐居起来
一个人
站在广阔的天空下
风穿过热闹的城市，绕过许多个房子
七扭八歪地撞过来
像刻刀
把我摩挲成一件容器

就让我停留在月光底下
从初一开始，用最深最凉的地下水浸泡
直到满月、许多个满月
将泥土涂满全身
伪装成一坛埋了多年的女儿红
但坛里没有酒

风会知道，一件容器的一生

那些精美的涂画
层层剥落下来
顺着来路
把从城市偷来的都还了回去
不要爱那个光洁的我

容器里装满了死去的人
也装活着的人
透过他们的模样，我看见自己
灵魂沉在里面
赤裸着，在月色的照耀下
如此寻常
却醉了一次又一次

沿着那些碎片的轨迹
来找我吧
在星星和月亮都沉寂的夜晚
给我一盏萤火虫的尾巴

养花

你供养了我
短暂地、不负责任地
潦草地招惹了我的种子
丢在坚硬又贫瘠的地方
让他误以为这就是沃土，巴巴地
在冬天到来之前伸了头
我若是一株长得好的植物
便可以历尽这过不去的寒冬，迎接春日
可我偏是那半死不活的
风一吹就倒，雨一浇就匍匐
所有的能量都
只等你路过时摇曳身姿
你把我拔起来，要我承认这不是爱
可你找不到证据
只有渺小而干枯的我，用有限岁月供养的
长长的根须

深夜便会想你

当我躺在床上，赤裸着
棉被缠绕着我
像你的肌肤，温暖有弹性
我知道我会做梦
梦见你，梦见我们
在无限的思维领地，离经叛道
美好的事是忘不掉的
努力也是徒劳，不如就
随波逐流，在这世界的韵律中
不由自主地倾斜和摇摆
如果一定要我鞠躬
我便要请求这命运的风将我折断
丢入往昔，进入别人的永恒中去
当世界与我无关时
我才看清了它
当你与我无关时
我开始想你

北京的冬天

北京的冬天很狂，也很短

它会吹走我的魂儿，又拉着我留在原地

好似你我之间的距离

夹在寒冷和春风之间动弹不得

有时好像自己站在世界的中央

荒唐裹挟着我

时间的漩涡敞开大门

四季都在里面，和心跳一同起伏

不远处传来另一种频率

和我的心一样寂寞，一样沸腾

我们隔着薄膜，就那样相望

寒冷和春风都不能化解

我们却只能依赖

这寒冷

这春风

就逆流而上吧

时间线已经写好了
总有人要去纠结它的可逆性
偷来一瞬间的错位
身体里实实在在的欢欣，让我想
一声一声地叫你的名字
可我只是笑着看你，一个字也没有说出口
梦完整了又完整
每往外迈一步都是不忍
我曾那么勇敢地冲进现实
最难的竟是视而不见
我们的故事，已经无法随着春风生长
该多么遗憾
我爱你
原是家门口那片落满种子的野地上
新长出的一座坟

攀岩

攀岩的时候，身体很容易地
陷入到力竭的境地
什么都不想，连你也暂时遗忘了
眼中只看到眼前的一件，最多两件事
有时候做得到，更多时候做不到
做不到的越多
手掌越是擦掉了皮、磨出了茧
你会在岩壁的顶端吗
看似很近的两点，常常只有精神能够抵达
肉体总能知道
无论如何也要向下坠落了
时间也是会磨出茧的
别忘了
遗忘也需要一点点的希望

在北京的日子

我把自己做好，每一天
清洁、整理、烹饪
塑造我的身体，用心雕琢
一个精美的表象
可我谁也不想取悦
整个北京是一棵树，而我会守着它
等一只兔子
等待越久，离人类越是遥远
纵使守候的初衷未变——渴望很多的爱，你的爱
在这个世界上
我对谁也不想表白
你会知道的，如果你看见我的心
如果你看不见
我就把它再藏深一些

都准备好了

梳洗打扮，丢掉一筐旧衣物
也是丢过去的自己
她们都迈不过如今的门槛儿了
未来清清楚楚地压过来
——矜持已经拯救不了我
只好将身体放在那里，任凭谁来碾碎
——我已经准备好了
去放纵、收束，做滚烫的热舞
准备去爱，同时恨不使我爱的事物
时刻准备快乐、痛苦、落入不堪的境地
把心翻过来写一首诗
也不够，不够多

有什么好保留的呢？为这一生
我愿意赔上一切
你知道的
世界准会走向悲剧
而我会以全部的沉默抗争到底

捡到了一只鸟

一只鸟撞在玻璃上，飞不起来
看起来是被圈养的颜色
漂亮得，一尘不染
漂亮是危险的形容词
站在自由的反面
冲破笼子，终于无处可去
鸟不知道
它的家在一棵树上
应该满世界去寻
我的家在自己身上，太容易被一个人捕获
捏在手里，随风而逝
心悬在风里飘
和鸟一样
在又一次被圈养起来之前
撞断了腿

镜子

照镜子的时候，就会想起
有那么一段时间
我把美好和堕落都向你敞开
好像你是我的镜子
很薄很薄
一块小石就能让它破碎

于是我将它沉在河底，却未曾料到
保护，也是种遗忘
等河水流过去，再从另一边流回
所过之处
但愿我们都能流连忘返

河水也像一面镜子
有人投下去，又浮上来
浮上来的不再是先前的那一个
如果爱已奄奄一息

就让它死在春天

当河水开始往复的时候

再复苏过来

有时候

有时候会陷入疯狂的满足
只要在一本秘密的笔记
将我们的名字写在一起
就渡了一场轮回

那时梦又要提醒我
有时候寂寞会冲过来
把我们的名字打散，隔在一百个光年之外
骑着光，跑上一辈子也找不回
那深深爱着的人
我们听到彼此的哭声
因而故意不要看向彼此

真想陪你做一辈子梦
做个爱上书生的妖精
爱上旅人的冤鬼
爱上主人的旧物

只是不要两个人都站在一杆秤上

反复地称

摇摆的我们，把爱情抖落了一地

像春天的雪

消失在无人知晓的地方

只当是几滴容易干透的水渍

有人静悄悄地踩过鞋底都不湿

丁香开了

今年的春天来得晚
藏着春色的花苞，过了清明才次第开放
这味道像你——丁香色的太阳
把激情和秘密生活过了
留下一丝丝的暖光——淡藕荷色
承认衰败的意义

衰败和凋零隔着半个春天
紧紧相邻，只要一阵风
脚下的土地不会告诉我
它是怎样让春天发出来，又在我身体里
死去
也许小狗能嗅得明白
小狗摇着尾巴，把一生都耗在这里
鼻子伸进一个土坑
就闻见了丁香的一天

今夜星光闪烁

今夜的夜空格外晴朗
几万年前和上亿年前的光一起
照在我身上
告诉我永恒——它比爱情久远得多

我羡慕那些星星
他们在宇宙的尺度上
出生、消逝、侃侃而谈
低俗而平庸地爱慕彼此
那种不变的东西
我们不曾拥有
只好从另一些人身上寻找

你胸前传来的
平缓有力的心跳
隔着另一具身体
亲密又遥远

像是一亿光年之外的情愫

不止，又不止

大气层过滤掉了

人类容易轻信，却永远无法学会的事

连光都会褪色

这抚摸着时间的手

抚过我们的脊背

汗毛竖立起来，打个冷战

激情就流走了

当时间停止的时候

当时间停止的时候
希望是个
夏日的夜晚
虫鸣悬在半空
星河浸湿土壤
云也不见
百年一遇的好天气

当时间停止的时候
我会微笑着对所有人告别
我会向后跳跃
在万物静止的当下
因为惯性
沉在历史的河流

那时你就漂过来：是我认得之前的样子
你胸前戴着大红花

比照片里还要年轻
你的衣角被风牵起
是旧的时代的样子
是飞扬在二八自行车前座上的样子
是青春最盛的时候，阳光扫过灰尘的样子

永恒的向前是万物的宿命
也是你我的宿命
但总有什么会静止下来
被流动着的当下抛在身后
也许你知道
你是多么令人怀念
所以跟着河流漂了很久
以防有一个
时间停止的时候
我会在轻巧的腾跃中擦过你的背影
握住你的手

梦游的人

他总是把梦搬到生活里
做令人羡慕的酣醉
不需要看路
在不知不觉中就走出了好远
他说自己好像
一大清早，从坟地里醒来
看似守住了很多
其实什么都不曾拥有
夜晚，尤其是夜晚
星星迷失方向
被光明掩埋在最热闹的城市
光明是黑夜的乌托邦
不需要谁来指路
他说：
其实白天更易患上梦游症
这无止境的欢闹里
一个人有一个人的寂静

什么都在发生

什么都没有发生

阖眼的刹那

清醒就开启了死循环

荒漠里的房子

总想去看看荒漠
看金色的寂寥死而复生
生而复死
看所有野蛮的生长蛰伏下来
退缩到时间的背面
哼一首寂静之歌
你得趴下来
在心窝里，听沙沙作响

想在荒漠里建一幢房子
房子上没有门
所有人都可以走进去
退出来
门框上没刻着字
可我期盼的是你的名字

就像方圆数百里的黄沙都在盼一场雨

下雨时就遍地开花
成片成片淡紫色的小花
只为这一场雨绽放
这时我想起你的情话
从耳根红到鼻尖
其实我根本不敢问你
你会不会来

一棵弯弯的树

一棵树是怎么长弯的
因为一场压过来的风
因为一群打提溜的孩子
因为总也晒不完的衣服和棉被
它说不清楚
你也说不清楚你的背弯掉的理由
躲闪着
那年盛夏
也是在一棵弯弯的树上
你倒挂着，看我的笑脸
眉眼弯到云里去
你说身体承受了太多哀伤
就必然变形
你说着伴侣和孩子
你说人生无常
唯独不说你弯掉的背
我不知道原因
硬是要站得笔直

September Blue

九月的蓝，是深海的蓝

让一艘船腐坏发胀，流不出眼泪

丑陋的鱼群穿过我

光亮微弱，闪在头顶、肚腹

这让人眩晕的迷幻

正把现在时搅进过去

——短暂的漫长的过去

就那样蒸发成雨，落下来

淋湿下一个年头

还能有多少个年头，让我们

彼此相顾

都闭口不言

有一个人走了

他父母健在，无儿无女
妻子不满四十岁
猝死在一个再平常不过的夜晚
酒足饭饱的宴席后
他走得太利落
疼痛和告别都没能追上他
甚至来不及计算
一群人要用多久消化掉一个人
医生和护士离开后
有一个人的一生停在了新的黎明
整夜里，流泪的人他听不到
月光碎掉的时候
有一个人走了
生命和时间重叠在一起
寂静无声

河伯观海

河伯观海，叹于海之大
海曰：吾在天地之间，如仓中之稊米
我何德何能
把鲲鹏、鸟雀、蜉蝣都捏在手上
涂写在轻飘飘的笔画中
把星瀚、山海、微尘都看在眼里
濡湿以泪
宇宙流动时
我的胸口就起起伏伏
吞咽不属于我的世间情色——
这至大的你和至小的我
谁又在吞咽我
邀我遨游梦中，化一只蝶来梦你：
谈天地和毫末？
稊米也可为一梦乎？
海观河伯，不见夏虫亦有可为
稊米不在仓中时
也是一颗小小的海洋

银河

抬头看向银河时
想起你的名字
有些星星被熄灭了
一颗颗黯淡下去，坍缩成没有光的口袋
吞掉牛奶色的浪痕
你总把一本书随身带着
封面是透明的蓝
平静得像天、像海
在时间里埋下注定会愈合的伤口
伤口不属于任何一个人
在这样一个波澜不惊的朗夜
它静悄悄而慢条斯理地收拾自己
没有为任何一个人回头

买了一把剑

仿佛已在江湖之中
儿女情长、家国恩仇
全都经历过一遍
我没能踏足的土地
这把剑都走了一次
我没能拯救的人
也替我救过了
如今它搁置在那里，像一个英雄归来
告诉我那些时光不值一提
我没有购买时光的资格
没有那样热闹地活过
我从未见过一条真正的江
江湖也未见过真正的我

扫墓

去看你的日子，总是阳光明媚
苞米地夹着窄路蹭过车辙
穿过童年的金黄，绕过乡村
再用一阵风
绕过我
我带来了你喜欢吃的水果
硕大的蜜蜂，跟白酒周旋着，热情地飞
我砍下灵魂的一节
插在香炉捎给你
你的酒杯从没像今天那样满
心思沿着阶梯走下来
停在秋天的荷花池
好像无能的言语，满了一次又一次
平平整整地铺在那里
绿得密不透光

空调坏了

空调坏掉的日子
在凉席上打坐
独属于城市的恶习蠢蠢欲动
排不出去也吸收不了
和懒惰一样扰人心智
我总是需要一些懒惰，一些
没法靠打坐抵消的欲望
让活着稍显可爱
活着。
一个虚幻的念头
凭什么确认自己存在？
汗湿的被褥？赤裸的身体？还是
凭一个女人渺小的希望
我太希望你我皆因相爱存在于此
于是
一听说你要来见我
就连夜购买了电扇

三皇的故事

在盛夏的树荫下
读一本史书
这时就想起来
人族之初，民只知其母而不知其父
三位母亲，搭建屋宇、钻木取火、亲尝百草
把一个个氏族熬成了家的味道
把自己熬进了鲜有文字的传说里
火种再不会熄灭
多少个星斗垂幕的天穹下，她们弓着腰背
穿皮成衣、纺丝成布
坐拥着儿女，享了几万年的寿命
那时的女子活得长
脉也长
一眼就看清自己的来处——
母亲和母亲的母亲
她们没有过剩的欲望
把自己刻进石头里，塑成神

不在乎历史将来的样子

只是在每一天

轻轻地站起

播撒自己选择的种子

把孩子们养活

等到站不起来的那一个早上

就像老象一样迎接死亡

天上的云

有时候天上的云是天上的样子
用丝絮状的辽阔
滚动整颗星球的寂寞
有时候天上的云是地上的样子
像鲸，像马，像我们见过的一切
像造物不停向我们追问
能够彼此相爱的理由
我把这样的天空送给你
用眼睛，用飞鸟，用一种重叠在思慕之外的想象
我想你是我
从万物运行韵律中摘下的晴朗下午
偷走的一个人

今夜你会梦见我吗

可以梦见我吗

就像最后一个夜晚

不再有需要去的地方

不再有还不完的债

依偎着，在狭小的天空下发酵、腐败下去

恒星摇晃

用微醺的光与我们互相干涉

体内流过一片海

这黏糊糊的仲夏之夜

碾过你我的那场雨转瞬即逝

我不要忍耐

我想吻密集地落下来

8岁的晚上

安静得像什么事也没有发生
起夜推门时，墙皮脱落的声音掉在地上
溅起一个狭小而陌生的
房间的轮廓
你在厕所坐着
不小心相遇的我们
从彼此眼里看见这里的第一个
发霉的深夜
像看不到头的人生
不知不觉间流下泪来
然后我们就抱着痛哭
在那间涂满红漆的厕所里
我不明白为什么
你背过头去
把相依为命写在了脸上

白夜

下过几场大雨之后
马路潮湿
遥远的灯火被新鲜的雾气
折射到眼前
在一片缺少浪漫的土地上
这样的夜显得过于明亮
真实得叫人迷失
看得太清楚的夜色
照穿了一座城市的墙壁
停留在皮肉之外
多少灵魂蜷曲着，反着光
惨白而浅薄
我总想着那个收在角落里的旧花瓶
如果能醒着走出去，便要用它装我的身体
然而我的脚不听使唤，摇摇晃晃
随时可能跌倒，那时
浅薄也能埋一个人

送你

我把月亮送过了
星星也送给了不知道名字的旅行者
摊开一无所有的手掌，爱人哪
我将送什么给你？
你的身体逛荡着，有风穿过来
细细地打在我身上
那里装过的爱比给我的要多
轻飘飘地洒了一地
我将送什么给你
将你填满？
你读了我全部的诗
我的每一片云、每一个失眠的夜晚
你读了我手心的温度
它会握紧你
从你的掌心抓一个落日出来
这是我死去时要送你的纪念品
可我将送什么给你
在我活着的时候

鼠尾草

荒草长起来了

春风吹尽以后，草从间星星点点的紫

是几株鼠尾草拼命开花

生活一样细碎、不引人注目

它何曾不想赶着在苍老以前得到些什么

想一场万物匍匐的风雨

百花落尽

只有自己遗世独立地站在那里

像一个人挺直了腰杆

挺直腰杆是件重大的事

很多花开得再好，也没能硬气一辈子

一辈子不长不短，不够弄清一株花的归宿

但野草只能死在荒地里

我没有说

让身体知道自己活着是件可怕的事

鼠尾草拔了又拔，把紫色和细碎都握在手上

开得无人打扰

樱桃

这是一个从未穿过一身红衣的女人的向往
一说到红色，就有种放肆的羞怯
其他各色都比不得的
活得越久越想放肆一次
在太阳底下娇纵地红，嚼烂世界地红，不要命
　一样任性妄为
然而身体里的捣锤
将本该熬成果酱的甜制成了酒
一点一滴一味
自斟自饮
恰到好处的忧伤
把我数不清的白衣服染红
心事没有出口，绕了一圈又回到心里
硬得打不开

又长了一岁

八月末

入秋的雨把我淋得越来越浅

算来算去

只有薄薄的一层

东拼西凑也能讲一个故事

我善于写开头和结尾

再放任中间的过程自然老去

有多少个我死于这样的衰败?

数不清，因此

我总开不成花

可我是那么喜爱这样的自己

凭借自由意志，无限期地在真实的对立里沉沦

我是为什么而来?

这样的证据，至今还没有找到

那也无所谓了，只要能够

在溺死之前

给我一株结实的稻草

又梦见你了

梦里编辑问我进展如何

我翻开便笺的空白页，开始写诗

写你的不在场证明

可你分明就站在家里

在抽屉前翻找水果，一边吃一边看电视

我从后面抱着你的肩，高度错了位

姑姑和妹妹也能看见你

问我不累吗，一直站在那

我看着电视，说想再陪你久一点

那时眼泪流下来，是理性的信号

我好久不看电视了

我正在写一首诗

写你的不在场证明

谜语

斯芬克斯问少年
早上四条腿，中午两条腿，晚上二条腿的是什么
少年答不出来
他不是故意来到这一条路
而是被眼睛里的镜子引过来的
汇聚的目光，一旦停留在皮肉之外
便会留下灼肤之痛
多少人面对他人的镜子
把身体改造成另一副模样
为了反射而行路
人生的谜语还没有解开
就命丧于此的迷路者
他照着镜子，看不清自己是谁
镜子里还有更多的镜子
路上的眼睛比腿多得多

一个逃亡的人

是我把世界抛弃了
如今他们还没有追上我身后的腥风血雨
燃烧吧，那些被我杀死的自己
将高高在上的精神燃烧殆尽
在追兵到来之前
匍匐在泥土里
换成另一副面孔，做一曲无声之舞
摇摆出人生的形状
用未曾裸露的部分
为命数画一个利落的边界
对逃亡者来说
捡到一个身份就必将丢弃一个
在虚假的圣洁和真实的堕落之间
我永远选择后者

去看稻田了

稻穗大片大片垂着

和秋天一样地沉

多少颗稻米能让一棵稻子低头？

这值得数上一数

那时就知道，多少声叹息可以压弯一个人

要是你也忠诚于时间

用一身白布褂子

把羞于开口的夜晚都扛在肩上

背着一个季节不停地走

便会听见

一棵稻子上的叹息不比一张琴少

听见一个人贫瘠的爱

被农妇掐在手上

往谁的心上扎一下

也不觉得疼

海边的星空

没有灯火的海边
星辰一颗接一颗从深处浮上来
天幕垂拱
好像天圆地方才是现实
那混沌的宇宙，是怎样将地面上所有的璀璨挖出来
擦得雪白
我穿着黑色的长衫，期待你伸出手来，抓住我身体
　里的顽石
挂在天上，做成星星
我看过星星的思想，但没看过你的
它们雀跃时
是否会如今夜一般，垂落在海上
多想像触摸海的温度一样
触摸你咸湿的部分
但我只是展开自己
升成苍茫的弧度，覆盖在你的海上
不让月亮来晒干

最后一首诗

如果这将是我的最后一首诗
希望是从你开始，从你结束
如果这是我能读的最后一本书
但愿它会写你之爱，写你之痛
如果这是世界上最后一片净土
我要用它装你的心，装你的魂
如果这是今生的最后一轮圆月
它就恰好生在秋天，落在秋天
秋天，如同一个人的爱
可以发红，也可以发黄
而我
是那些青绿的树
愣在原地，抖落松风

想告诉你的事

从一场噩梦中醒来，怀念一个拥抱

老田啊

有一天我几乎忘记了回家的路

我已离开那场雪太久太久

久到

不会再从微微拱起的背上看到你

不会从深蓝色的羊毛衫上看到你

不会在一条把衬衫利落扎好的皮带上

看到你

你可知道我开始写诗?

你不知道

那些涂满刮痕的秘密我已懒得抹去

在冒着汗气的地铁上

在深夜的出租屋

在被化妆品包裹的那一层皮肤下

在你来过许多次的这个城市

他们把我变成了另一个人

放肆而坦然，炫耀

一个圣女是如何成为一个土匪

争啊抢啊

一点点挖出身体里的雪

春天，我只好把雪填在那里

只要能守住你的名字

我不动声色地挥动铁锹

埋了一个季节

谢谢你来看我。